Pour la Bibliothèque Nationale.

Napoléon
et l'empire de la mer

l'occupation des îles Ioniennes

—

Par G. Lacour-Gayet.

—

 (Extrait de la *Revue de la Semaine*, numéro du 22 avril 1921.)

NAPOLÉON
ET L'EMPIRE DE LA MER

I. L'OCCUPATION DES ILES IONIENNES.

A Venise, chaque année, le jour de l'Ascension, ramenait une fête religieuse et patriotique, d'une solennité extraordinaire ; on l'appelait la fête du *Bucentaure.* Elle rappelait la victoire navale que la flotte de la République, commandée par le doge Sébastien Ziani, avait remportée en 1177, dans les eaux de l'Istrie, sur la flotte allemande du prince Otton de Hohenstaufen, fils de l'empereur Frédéric Barberousse. Le jeudi de l'Ascension 5 mai 1796, le 619e anniversaire de la victoire de Ziani fut célébré avec la pompe traditionnelle.

Le *Bucentaure*, amené de l'Arsenal, était amarré devant la *Piazzetta*, à la hauteur du palais des Doges ; sa masse dominait les eaux « comme un géant de la mer. » Les 168 rameurs de la chiourme, à raison de 4 pour chacune des 21 rames de tribord et de babord, étaient à leurs bancs ; les 40 marins se préparaient à manœuvrer les cables et les amarres. Sur le pont supérieur, long de 35 mètres, large de 7 mètres et demi, une grande tente était disposée, avec des draperies de velours rouge et d'épaisses crépines d'or. Auprès de la poupe, dans le *gabinetto*, un trône d'or attendait le doge. L'unique mât du bâtiment laissait flotter à la brise matinale l'étendard de soie cramoisie, bordé d'or, sur lequel se détachait l'image du lion de Saint-Marc.

Sa Sérénité le doge Lodovico Manin sort du palais ducal et descend l'escalier des Géants ; il porte une robe d'or, sa tête est ornée du *corno.* Il est suivi de l'excellentissime Seigneurie, des ambassadeurs des puissances, tous dans leurs costumes d'apparat. C'est un chatoiement de couleurs fait pour le pinceau d'un Véronèse ou d'un Canaletto. Le doge et sa suite ont pris place sur le *Bucentaure*. Un coup de sifflet, et la grosse galéasse, sous l'impulsion de ses 168 rameurs, se met en mouvement. Derrière la galère dogale, des bâtiments de tout genre, galères, péautes, gondoles, qui portent le peuple de Venise, forment une série de files sur les eaux du Grand Canal. Toute cette masse flottante longe sur sa gauche le quai des Esclavons, elle double la pointe *della Motta*, elle vogue à travers les lagunes. A la hauteur de l'île de Saint-Pierre, le patriarche de Venise, en habits pontificaux, suivi des chanoines de Saint-Marc, rejoint la galère dogale. Le *Bucentaure* a franchi les passes du Lido, il est en pleine mer. Alors le patriarche fait un signe de croix au-dessus des flots, il verse dans la mer un vase d'eau lustrale : l'Adriatique est purifiée. Le doge se lève à son tour, il jette dans les eaux l'anneau nuptial, en prononçant les paroles consacrées : *Desponsamus te, mare, in signum veri perpetuique dominii*, « O mer, nous t'épousons en signe de notre domination véritable et perpétuelle. » Le *Bucentaure* rentre dans les lagunes ; il se dirige vers Saint-Nicolas, où la messe des épousailles doit être célébrée pontificalement par le patriarche. Après la messe, le doge remonte à bord ; il se fait ramener à la *Piazetta*. Il achève la fête, en recevant à table, dans une des salles du palais des Doges, les dignitaires de la Sérénissime, les ambassadeurs, les officiers de la marine vénitienne. Tout est fini pour un an, et le *Bucentaure* repose jusqu'à l'Ascension suivante dans sa cale couverte, à l'Arsenal.

« En signe de notre domination véritable et perpétuelle, » avait dit Lodovico Manin, en répétant les paroles plus de six fois séculaires.

Domination véritable ? Il n'avait donc pas conscience de la profonde décrépitude dans laquelle agonisait sa patrie. La reine de l'Adriatique était bien déchue de sa splendeur guerrière ; elle était en train de se mourir dans le silence et la volupté des lagunes.

Domination perpétuelle ? Il n'entendait donc pas le

torrent qui, depuis trois semaines, se précipitait à grand fracas du sommet des Apennins et qui venait de noyer les troupes sardes à Millesimo et à Mondovi ; à présent ses eaux victorieuses se précipitaient contre les troupes autrichiennes. Le jeune général de vingt-six ans qui inaugurait cette suite de victoires, n'était pas de ceux qui s'arrêtent à mi-chemin. La conquête du Piémont était en train de le conduire à la conquête du Milanais ; la conquête du Milanais le conduira à la conquête du Mantouan, et celle-ci à la conquête de Venise. La République de Saint-Marc allait être prise entre les armées de la France et les armées de l'Autriche ; si elle n'était pas capable de faire respecter sa neutralité par les armes, elle était destinée à tomber entre les bras du vainqueur, pour lui servir de monnaie d'appoint ou d'échange.

Bien vite les destins s'accomplirent. Les avant-postes de Terre-Ferme, Brescia et Bergame, avaient été occupés par les vainqueurs de Lodi et de Castiglione. Depuis le commencement du siège de Mantoue, la guerre faisait rage sur le territoire vénitien. Le 2 février 1797, Mantoue succombe. Bonaparte se met en marche sur Vienne ; toutes ses étapes, Bassano, Conegliano, Pordenone, sont des villes vénitiennes. Le 16 mars il franchit le Tagliamento et il s'engage dans les défilés des Alpes carniques. Venise se sent perdue ; l'idée criminelle lui vient de poignarder dans le dos le général qui la fait trembler.

Un manifeste de Bonaparte, daté du quartier général de Palmanova, à la frontière orientale de la Vénétie, le 2 mai 1797, énumère quinze crimes du gouvernement de Venise ; c'est comme le premier glas qui sonne la mort très prochaine de la Sérénissime.

« Pendant que l'armée française est engagée dans les gorges de la Styrie et a laissé derrière elle l'Italie et les principaux établissements de l'armée,... voici la conduite que tient le gouvernement de Venise :

« 1° Il profite de la semaine sainte pour armer 40.000 paysans, y joint dix régiments d'Esclavons, les organise en différents corps d'armée et les porte aux différents points pour intercepter toute espèce de communication entre l'armée et ses derrières...

« 4° Sur les places, dans les cafés et autres lieux publics de Venise, l'on insulte et accable de mauvais traitements tous les Français, les dénommant du nom injurieux de jacobins, régicides, athées...

« 5° L'on ordonne au peuple de Padoue, Vicence et Vérone, de courir aux armes, de seconder les différents corps d'armée et de commencer enfin de nouvelles Vêpres siciliennes. Il appartient au lion de Saint-Marc, disent les officiers vénitiens, de vérifier le proverbe, que l'Italie est le tombeau des Français.

« 6° Les prêtres en chaire prêchent la croisade, et les prêtres, dans l'État de Venise, ne disent jamais que ce que veut le gouvernement...

« 7° Tout sourit d'abord aux projets perfides du gouvernement. Le sang français coule de toutes parts ; sur toutes les routes on intercepte nos convois, nos courriers et tout ce qui tient à l'armée...

« 11° La seconde fête de Pâques, au son de la cloche, tous les Français sont assassinés dans Vérone ; l'on ne respecte ni les malades dans les hôpitaux, ni ceux qui, en convalescence, se promènent dans les rues, et qui sont jetés dans l'Adige ou meurent percés de mille coups de stylet ; plus de quatre cents Français sont assassinés...

« 15° Le *Libérateur de l'Italie*, bâtiment de la République, ne portant que trois à quatre pièces de canon et n'ayant que quarante hommes d'équipage, est coulé à fond dans le port même de Venise, et par les ordres du Sénat. Le jeune et intéressant Laugier, lieutenant de vaisseau, commandant ledit bâtiment, dès qu'il se voit attaqué par le feu du fort et de la galère amirale, n'étant éloigné de l'un et de l'autre que d'une portée de pistolet, ordonne à son équipage de se mettre à fond de cale ; lui seul il monte sur le tillac, au milieu d'une grêle de mitraille et cherche, par ses discours, à désarmer la fureur de ses assasins ; mais il tombe raide mort. Son équipage se jette à la nage et est poursuivi par six chaloupes montées par des troupes soldées par la République de Venise, qui tuent à coups de hache plusieurs qui cherchent leur salut dans la haute mer.

Un contremaitre, blessé de plusieurs coups, affaibli, faisant sang de tous côtés, a le bonheur de prendre terre à un morceau de bois touchant au château du port ; mais le commandant lui-même lui coupe le poignet d'un coup de hache.

« Vu les griefs ci-dessus et, autorisé par le titre XII, article 328, de la Constitution de la République (1), et vu l'urgence des circonstances :

« Le général en chef requiert le ministre de France près la République de Venise de sortir de ladite ville ;

« Ordonne aux différents agents de la République de Venise dans la Lombardie et dans la Terre-Ferme de Venise de l'évacuer sous vingt-quatre heures ;

« Ordonne aux généraux de division de traiter en ennemis les troupes de la République de Venise et de faire abattre, dans toutes les villes de la Terre-Ferme, le lion de Saint-Marc.

« Chacun recevra, à l'ordre du jour de demain, une instruction particulière pour les opérations militaires ultérieures. — BONAPARTE. »

Le 16 mai suivant, un message du Directoire exécutif portait à la connaissance du Conseil des Cinq-Cents le manifeste de Bonaparte. « Le conseil, dit le procès-verbal, laissa échapper les mouvements de la plus vive indignation, à la lecture de chacun des griefs articulés par le général français contre le gouvernement vénitien. » L'un des Cinq-Cents, Dumolard, député de l'Isère, stigmatisa « la conduite atroce du gouvernement vénitien ; il ne s'est pas comporté comme un ennemi, mais comme un vil ramas d'hommes portés au commandement d'une horde de cannibales. »

Le *Moniteur universel* annonçait, le 19 mai, la mort imminente de la vieille république : « Toute l'armée d'Italie va occuper le territoire vénitien. Ces légions, victorieuses des plus formidables armées de l'Europe, n'auront pas besoin de beaucoup d'efforts pour anéan-

(1) Article ainsi conçu : « En cas d'hostilités imminentes ou commencées, de menaces ou de préparatifs de guerre contre la République française, le Directoire exécutif est tenu d'employer, pour la défense de l'État, les moyens mis à sa disposition, à charge d'en prévenir sans délai le corps législatif. »

tir une misérable et odieuse aristocratie; la sagesse, en même temps que la fermeté de son général, nous garantissent que cette vengeance sera aussi prompte qu'éloignée de tous les excès qui pourraient en affaiblir la justice. »

Dans le numéro du lendemain on pouvait lire un article de tête intitulé « Coup d'œil sur le gouvernement de Venise. » Il y était dit : « Un homme d'esprit a appelé les Vénitiens les Chinois de l'Europe. Cette dénomination est juste sous beaucoup de rapports. Il y a eu jusqu'ici dans les deux peuples même superstition pour leurs lois et leur gouvernement, même soumission servile aux ordres les plus arbitraires. Les différences qui les distinguent sont toutes à l'avantage des Chinois. Le despotisme chinois a pour base la morale ; celui de Venise, l'immoralité la plus profonde... L'un est un gouvernement paternel ; l'autre, un gouvernement terroriste. L'aristocratie héréditaire est le pire de tous les gouvernements. Le gouvernement de Venise est la pire de toutes les aristocraties héréditaires... Le gouvernement de Venise est en pratique ce que le *Prince* de Machiavel est en théorie. »

A pareille date, ce gouvernement maudit, chargé de tous les péchés des hommes, n'existait plus. Manin avait abdiqué ; après lui, 181e doge, la liste des doges de la Sérénissime était close pour toujours ; l'Ascension de l'année 1797 se passa sans que l'union mystique de la République et de la mer fût célébrée : Venise était bien morte. Le 20 mai, une division française, conduite par Baraguey d'Hilliers, défilait sur la place Saint-Marc et prenait possession de la reine de l'Adriatique.

Bonaparte avait fait sentir lourdement à la République de Saint-Marc le poids de sa colère et de sa vengeance ; mais de Paris le gouvernement s'était associé à cette exécution. Le 28 juillet, Carnot, qui présidait alors le Directoire, lui envoyait l'approbation sans réserve du pouvoir exécutif : « Le Directoire exécutif a pensé, Citoyen Général, qu'il devait aux importants services que vous avez rendus à la République, depuis votre entrée en Italie, de vous en manifester hautement sa satisfaction. Il vous déclare, en conséquence, qu'il approuve pleinement la conduite politique et militaire que vous y avez tenue, notamment à l'égard de Venise. »

***

C'est à cette époque de sa vie, au printemps ou à l'été de 1797, quand il allait avoir 28 ans, que Napoléon sentit naître en lui ces idées sur l'empire de la mer qui, à tant de reprises, devaient se présenter à son imagination, qui parfois l'obsédèrent et qu'il ne put jamais réaliser.

De naissance, Bonaparte aimait la mer ; cela faisait partie de sa nature de Corse. Quand il faisait ses études à l'école de Brienne, il pensait à prendre, à la sortie, la carrière maritime ; le comte de Marbeuf, qui était le protecteur de sa famille, l'y poussait ; c'était aussi le sentiment du sous-inspecteur général des écoles militaires, Keralio, qui avait noté le jeune élève des Minimes pour le mettre dans la marine. On comprend qu'à une époque où d'Orvilliers, d'Estaing, Guichen, Grasse, La Motte Picquet, où Suffren, par dessus tous les autres, jetaient tant d'éclat sur l'histoire navale de la France, on comprend que les imaginations des jeunes gens se soient élancées vers la mer. Pour Napoléon cependant, les choses avaient tourné autrement. Sa mère, devenue veuve, avait été effrayée de l'abandonner aux hasards d'une carrière de marin ; il aurait à combattre tout ensemble, lui avait-elle dit, le feu et l'eau ; la part du feu était déjà suffisante. Fils docile, il s'était incliné devant les inquiétudes maternelles : il s'était fait artilleur ; mais dans un coin de son cœur il gardait sa fidélité à une carrière qui avait exercé sur son imagination d'enfant et de jeune homme la double séduction du danger et de la gloire.

Les raisons de sentiment qui avaient attiré vers la mer l'élève de Brienne s'étaient bientôt fortifiées chez le général de l'armée d'Italie par des raisons de politique.

Dès l'année 1795, quand il était attaché au bureau topographique du ministère de la Guerre, Bonaparte avait eu cette idée très nette : la Méditerranée devait être un « lac français ». L'année suivante, quand il semblait n'avoir d'autre objectif que la conquête de l'Italie continentale, il faisait entrer aussi dans ses plans militaires l'empire de la Méditerranée ; il sentait bien que l'Italie ne serait vraiment à la France que le jour où la mer qui en baigne les côtes appartiendrait aussi à la France. De Modène, le 17 octobre 1796, il écrivait au Directoire : « L'expulsion des Anglais de la Méditerranée a une grande influence sur le succès de nos opérations militaires en Italie. » Quelques jours plus tard, il exécutait ce programme, en faisant partir de Livourne la petite expédition qui délivra la Corse des Anglais.

Avec l'année 1797, la conquête de la mer se présente de plus en plus à l'esprit de Bonaparte comme une nécessité. La France révolutionnaire venait tour à tour de vaincre et de désarmer la Prusse, l'Espagne, la Hollande, la Sardaigne, l'Autriche ; mais sa vieille ennemie, l'Angleterre, était toujours debout devant elle. Comment l'abattre? En conquérant la mer.

Le 18 octobre 1797, quelques heures après la signature de la paix de Campo-Formio, Bonaparte écrivait au ministre des Relations extérieures, Talleyrand :

« Il faut que notre Gouvernement détruise la monarchie anglicane, ou il doit s'attendre lui-même à être détruit par la corruption et les intrigues de ces actifs insulaires. Le moment actuel nous offre un beau jeu. Concentrons toute notre activité du côté de la marine et détruisons l'Angleterre. Cela fait, l'Europe est à nos pieds ».

Concentrer toute l'activité de la France du côté de la marine, détruire l'Angleterre, avoir l'Europe à ses pieds : l'impérialisme napoléonien venait de donner avec une précision admirable la triple formule de ses moyens, de son but, de ses résultats. Mais les moyens ne furent jamais réalisés, le but ne fut jamais atteint ; aussi les résultats qu'il parut à diverses reprises avoir saisis ne furent jamais qu'une chimère.

Hoche venait de mourir, le 28 septembre 1797; sans doute il n'aurait point laissé à un autre le soin de venger l'expédition stérile qu'il avait conduite à la fin de 1796 sur les côtes de l'Irlande. Puisque le commandant de l'armée de Sambre-et-Meuse n'était plus là, la gloire de faire passer la Manche aux armées de la République devait revenir au commandant de l'armée d'Italie.

C'était en vue de conquérir un jour les mers que Bonaparte avait arrêté dans son esprit, dès le mois de mai 1797, de mettre la main sur Venise. Il y voyait deux grands avantages. Les territoires de Terre-Ferme étaient une compensation toute trouvée pour l'Autriche à qui la France prenait le Milanais et les Pays-Bas belges. Quant aux dépouilles maritimes de la Sérénissime, Bonaparte les réservait à son pays. Elles formaient deux lots : d'une part, les vaisseaux et les canons qui se trouvaient dans l'arsenal de Venise ; d'autre part, les possessions de Venise dans les eaux de la mer Ionienne. L'un et l'autre lot étaient des instruments de la conquête de la Méditerranée, comme la conquête de la Méditerranée devait être un instrument de la conquête de l'Angleterre.

Une dépêche de Bonaparte au Directoire, en date du 27 mai 1797, porte ceci : « Nous prendrons tous les vaisseaux (de Venise), nous dépouillerons l'arsenal, nous enlèverons tous les canons, nous détruirons la banque, nous garderons Corfou et Ancône pour nous. »

En attendant que le traité de Campo-Formio effaçât définitivement Venise du rang des États souverains, le commandant de l'armée d'Italie s'était empressé de se saisir de ses richesses maritimes.

Forfait, qui devait être ministre de la Marine après le 18 Brumaire et qui était à ce moment ingénieur ordonnateur de la marine française, donnait lecture à l'Institut (il était associé non résidant de la 1re classe), à l'époque de la paix de Campo-Formio, d'un mémoire sur la marine de Venise. Une puissance, disait-il, qui avait été formidable, « vient de disparaître en un clin d'œil. » Lorsque l'armée française « entra dans Venise démocratisée et pénétra jusqu'au fond de son mystérieux arsenal, on trouva que les forces de cette puissance étaient d'une bien moindre considération qu'on ne l'avait pensé... Les approvisionnements étaient nuls... L'artillerie seule était nombreuse et riche. »

Tels quels, ces derniers restes de la puissance vénitienne étaient précieux à prendre pour la France, si durement atteinte dans sa marine depuis la Révolution et surtout depuis l'incendie par les Anglais de l'arsenal de Toulon.

Bonaparte écrivait au Directoire (15 novembre 1797): « La République se trouvera avoir neuf vaisseaux et douze frégates provenant de la République de Venise. Ces bâtiments avaient des noms de saints inconvenants. Je leur ai donné les noms suivants ; je vous prie de les confirmer. » Ces noms étaient (lettre du 1er juin) : le *Stengel*, le *Laharpe*, le *Beyrand*, le *Robert*, pour quatre vaisseaux, la *Muiron*, la *Carrère*, pour deux frégates. C'étaient les noms de généraux et d'officiers qui étaient morts glorieusement dans la campagne d'Italie ; Muiron, à ne parler que de lui, était l'aide de camp qui s'était jeté au devant de Bonaparte pour couvrir son corps, dans les journées héroïques du pont d'Arcole.

Un autre ordre, du 11 novembre, concernait les unités de l'escadre vénitienne qui se trouvaient à Corfou : « L'amiral Brueys donnera aux six vaisseaux et aux six frégates... les noms suivants : Aux six vaisseaux, le *Dubois*, le *Causse*, le *Robert*, le *Banel*, le *Sandos*, le *Frontin*, aux six frégates : la *Mantoue*, la *Leoben*, la *Lonato*, la *Montenotte*, la *Lodi*, la *Rivoli*. » L'article 2 ajoutait : « Il sera célébré à bord de chacun de ces bâtiments, tous les ans, le jour des batailles où lesdits généraux ont été tués et où les batailles ont été données, une fête en mémoire des défenseurs morts pour la liberté. »

Des bâtiments de l'arsenal de Venise, le plus célèbre par le caractère historique et comme sacré qui s'attachait à son nom, le *Bucentaure*, fut l'objet, de la part de Bonaparte, d'un véritable acte de vandalisme. Il ordonna de démonter toute l'œuvre morte du *Bucentaure*, de mettre de côté les sculptures, allégories et ornements de tout genre qui en décoraient les flancs ou l'intérieur ; de ces dépouilles on fit un tas qu'on brûla dans le jardin de l'île Saint-Georges ; les cendres furent recueillies et lavées avec soin, pour en retirer la quantité d'or qu'elles renfermaient. Le métal précieux ainsi obtenu fut envoyé au trésorier de l'armée à Milan. La puissante galéasse qui avait transporté le doge pour la dernière fois en 1796 était réduite à la carène d'une carcasse informe ; transformée en une batterie flottante, munie de sept grosses bouches à feu, cette carcasse fut mouillée au Lido, à l'entrée du port, et baptisée l'*Hydra*. Ainsi, jusqu'au nom même de l'ancien navire ducal avait disparu. Cependant ce nom qui sonnait si bien, — un monstre à tête de bœuf, — ce nom, qui rappelait tant de glorieux souvenirs, devait revivre. Le vaisseau-amiral de l'armée navale de Villeneuve en 1805, un puissant vaisseau à trois ponts, avait reçu le nom de *Bucentaure*. Le *Bucentaure* français périt à Trafalgar. Alors ce nom fut définitivement rayé de la liste des bâtiments de guerre.

***

Depuis le début du XVe siècle Venise avait occupé les îles Ioniennes. On désigne ainsi les îles situées sur la côte occidentale de la péninsule hellénique : au Nord, Corfou, au centre, Leucade ou Sainte-Maure, Ithaque, Céphalonie ; au Sud, Zante, et même Cérigo, au delà de la Morée, qui y fut rattachée administrativement. Ce chapelet insulaire, complété par quelques forts de la côte albanaise, constituait la province du *Levante Veneto*. C'étaient, sur le pourtour de l'empire turc, d'importants entrepôts de commerce. Corfou avait, en outre, une réelle valeur militaire. Sa capitale, qui portait le même nom que l'île, avait un port en eau profonde, d'une excellente tenue. Si la Sérénissime avait eu l'intelligence de ses vrais intérêts, si elle avait vu dans le *Levante Veneto* autre chose que des populations à exploiter et à pressurer, elle aurait transporté à Corfou le siège de sa puissance navale ; elle y aurait bâti un vaste arsenal, au lieu de s'endormir dans les eaux basses des lagunes, bonnes au plus pour des galères et pour des vaisseaux aux évolutions lentes.

Bonaparte avait pris le parti d'occuper Corfou sans retard et d'en faire la première station du futur empire de la Méditerranée. Pour cela, il lui était nécessaire d'avoir au plus tôt à sa disposition quelques forces navales. Dès le 1er juin 1797, quand il habitait le château de Mombello, auprès de Milan, il écrivait au ministre de la Marine Truguet : « J'ai peur que les Anglais ne viennent nous bloquer ; c'est pourquoi je désirerais que cinq ou six vaisseaux de ligne de Toulon vinssent à Venise... Je n'ai pas avec moi un seul officier de marine qui entende quelque chose...Envoyez-moi promptement des hommes. » Le 23 juin il écrivait directement au contre-amiral Brueys, en rade, à Toulon : « Vous devez avoir reçu à cette heure, citoyen général, des ordres du ministre de la Marine pour vous rendre dans l'Adriatique. Je pense qu'il est nécessaire que vous touchiez à Corfou, où vous trouverez six vaisseaux de guerre vénitiens montés par les officiers que vous nous avez envoyés... Si vous aviez nouvelle que l'escadre anglaise pût avoir l'intention de venir à votre suite dans l'Adriatique, il sera nécessaire que j'en sois instruit, afin de fortifier la garnison de Corfou, qui est dans ce moment-ci de 1.500 Français. »

Brueys n'avait pas pris la mer à Toulon avant le 28 juin ; sa division navale se composait de deux vaisseaux de 80, de quatre vaisseaux de 74, de plusieurs frégates. En communiquant cette nouvelle au Directoire, le ministre Truguet ajoutait : « Tout annonce, de la part des officiers et des équipages, que sa mission sera parfaitement remplie. »

Comme on vient de le voir par sa dépêche du 23 juin, Bonaparte n'avait pas attendu pour agir l'arrivée de la division navale de Toulon. Le 26 mai, il avait écrit au Directoire : « J'envoie le général Gentili avec 1.500 hommes, 6 ou 600 Vénitiens et une partie de nos flottilles, pour s'emparer de Corfou, de Zante et de Céphalonie. Pour Corfou, je crois que nous devons irrévocablement le garder. » Le même jour, il avait ordonné au général Gentili et au capitaine de frégate Bourdé, celui-ci « commandant les forces navales de la République dans l'Archipel », de faire la plus grande diligence pour le succès de leur mission commune. Voici une partie des instructions de Gentili :

« Vous trouverez à Venise cinq frégates commandées par le citoyen Bourdé, et vous vous embarquerez avec vos troupes sur ces frégates et sur quelques autres bâtiments de transport, s'il est nécessaire, et vous partirez le plus promptement et le plus secrètement possible, pour vous rendre à Corfou et vous emparer de tous les établissements vénitiens au Levant.

« Vous aurez soin de n'agir que comme auxiliaire de la République de Venise et de concert avec les commissaires que le nouveau gouvernement aurait envoyés ; enfin, de faire l'impossible pour nous captiver les peuples...

« A Corfou ou en mer, vous vous emparerez, si cela est possible, de tous les vaisseaux de guerre vénitiens qui seraient encore incertains du parti qu'ils veulent prendre.

« Vous écrirez, dès l'instant que vous serez arrivé à Corfou, à notre ambassadeur à Constantinople, Aubert du Bayet ; vous lui ferez part de la situation des affaires en Italie avec Venise, et si vous vous trouviez avoir besoin de secours, n'importe de quelle espèce, vous vous adresseriez à lui. Si les habitants du pays étaient portés à l'indépendance, vous flatteriez leur goût, et vous ne manqueriez pas, dans les différentes proclamations que vous ferez, de parler de la Grèce, d'Athènes et de Sparte...

« Le citoyen Arnault, homme de lettres distingué, suivra l'expédition, avec les rations et le traitement de chef de brigade ; il observera ces îles, tiendra avec moi une correspondance suivie de tout ce qu'il verra, vous aidera dans la confection des manifestes, et vous pourrez même, s'il est nécessaire, le mettre à la tête de l'administration du pays. »

La petite division de Bourdé mit à la voile de Malamocco, l'avant-port de Venise, à la date du 13 juin. Elle comprenait deux frégates françaises, la *Sensible*, du commandant Bourdé, l'*Artémise*, du commandant Standelet, vrai loup de mer de Dunkerque, qui avait échangé plus d'un mauvais coups avec les Anglais ; elle comprenait aussi plusieurs vaisseaux vénitiens et même des galères. « Vu l'urgence, dit Arnault, et vu le déponaillement où se trouvait la marine ducale, on avait armé tout ce qui pouvait tenir la mer. »

La traversée fut très lente, moins à cause des calmes et des vents contraires que de l'allure pesante des bâtiments de Saint-Marc. Enfin, au bout de quinze jours, le 28 juin, la division Bourdé reconnut le canal de Corfou. Mis au courant par des chaloupes qui s'étaient détachées, les Corfiotes décidèrent, presque à l'unanimité, d'accueillir les Français comme des libérateurs et des amis. Aussi le débarquement se fit sur l'heure et sans aucune difficulté. Le général Gentili occupa, dans la citadelle, l'hôtel du provéditeur général. On fit embarquer aussitôt pour la Dalmatie la partie esclavone de la garnison, qui était hostile aux Français ; les éléments italiens furent répartis dans des quartiers séparés de la ville. L'occupation du reste de l'archipel, y compris Cérigo, ne demanda pas plus de peine.

Une curieuse dépêche de Bonaparte (Milan, 1er août 1797) informait le Directoire de ces résultats :

« Le 10 messidor (28 juin), nos troupes ont débarqué et pris possession des forts de Corfou, où elles ont trouvé six cents pièces de canon, la plus grande partie en bronze. Un peuple immense était sur le rivage pour accueillir nos troupes avec les cris d'allégresse et d'enthousiasme qui animent les peuples lorsqu'ils recouvrent leur liberté.

« A la tête de ce peuple était le *Papa* ou chef de la religion du pays, homme instruit et déjà d'un âge avancé. Il s'approche du général Gentili et lui dit : « Français, vous allez trouver dans cette île un peuple ignorant dans les sciences et les arts qui illustrent les nations ; mais ne le méprisez pas pour cela, il peut devenir encore ce qu'il a été ; apprenez en lisant ce livre à l'estimer. »

« Le général ouvrit avec curiosité le livre que lui présentait le *Papa*, et il ne fut pas peu surpris en voyant que c'était l'*Odyssée* d'Homère.

« Les îles de Zante, Céphalonie, Sainte-Maure ont le même désir et expriment le même vœu, les mêmes sentiments pour la liberté ; l'arbre de la liberté est dans tous les villages ; des municipalités gouvernent toutes les communes, et ces peuples espèrent qu'avec la protection de la grande nation ils recouvreront les sciences, les arts et le commerce qu'ils avaient perdus sous la tyrannie des oligarques.

« L'île de Corcyre était, selon Homère, la patrie de la princesse Nausicaa.

« Le citoyen Arnault, qui jouit d'une réputation méritée dans les belles-lettres, me mande qu'il va s'embarquer pour faire planter le drapeau tricolore sur les débris du palais d'Ulysse.

« Le chef des Maniotes, peuple vrai descendant des Spartiates et qui occupe la péninsule où est situé le cap Matapan, m'a envoyé un des principaux du pays pour me marquer le désir qu'il aurait de voir dans son port quelques vaisseaux français et d'être utile en quelque chose au grand peuple. »

Dans une dépêche, du 16 août, Bonaparte étend et précise son programme d'impérialisme maritime :

« Les îles de Corfou, de Zante et de Céphalonie sont plus intéressantes pour nous que toute l'Italie ensemble.

« Je crois que si nous étions obligés d'opter, il vaudrait mieux restituer l'Italie à l'empereur et garder les quatre îles, qui sont une source de richesse et de prospérité pour notre commerce. L'empire des Turcs s'écroule tous les jours ; la possession de ces îles nous mettra à même de le soutenir autant que cela sera possible ou d'en prendre notre part. »

Qu'on remarque cette phrase où apparaît pour la première fois une grande idée :

« Les temps ne sont pas éloignés où nous sentirons que, pour détruire véritablement l'Angleterre, il faut nous emparer de l'Égypte. La vaste empire ottoman, qui périt tous les jours, nous met dans l'obligation de penser de bonne heure à prendre des moyens pour conserver notre commerce du Levant. »

Les mêmes idées se retrouvent dans une dépêche à Talleyrand, du même jour, ou dans une autre dépêche, le 13 septembre, adressée aussi au ministre des Relations extérieures :

« Je pense que désormais la grande maxime de la République doit être de ne jamais abandonner Corfou

Zante, etc. Nous devons, au contraire, nous y établir solidement ; nous y trouverons d'immenses ressources pour le commerce, et elles seront d'un grand intérêt pour nous dans les mouvements futurs de l'Europe. »

Brueys était arrivé à Venise avec la division de Toulon, au début du mois de septembre ; c'était à peu près le moment où le Directoire faisait le coup d'État de Fructidor, 4 septembre 1797. Bonaparte, du quartier général de Passariano, le 16 septembre 1797, portait le fait à la connaissance des marins de l'escadre de Brueys :

« Camarades, les émigrés s'étaient emparés de la tribune nationale.

« Le Directoire exécutif, les représentants restés fidèles à la patrie, les républicains de toutes les classes, les soldats se sont ralliés autour de l'arbre de la liberté : ils ont invoqué les destins de la République, et les partisans de la tyrannie sont aux fers.

« Camarades, dès que nous aurons pacifié le continent, nous nous réunirons à vous pour conquérir la liberté des mers. Chacun de nous aura présent à la pensée le spectacle horrible de Toulon en cendres, de notre arsenal, de treize vaisseaux de guerre en feu ; et la victoire secondera nos efforts.

« Sans vous, nous ne pourrions porter la gloire du nom français que dans un petit coin du continent ; avec vous, nous traverserons les mers, et la gloire nationale verra les régions les plus éloignées. »

Brueys reçut alors du général en chef des instructions, en date du 22 septembre, pour une croisière prochaine. Il ira prendre à Corfou les bâtiments vénitiens qui y sont pour les conduire en France. En se rendant à Corfou, il passera par Raguse ; il fera « connaître à cette République l'intérêt que prend à elle le Directoire exécutif de la République Française, et la volonté qu'il a de la protéger contre quelque ennemi que ce fût qui voudrait se l'approprier, et de garantir son indépendance. » Il se renseignera sur la situation des bouches de Cattaro, dépendance de Venise, que l'Autriche était en train d'occuper ; il sommera le commandant autrichien de les évacuer, en le menaçant de s'emparer de toutes les îles de la Dalmatie. Il laissera entrevoir que plusieurs bataillons se sont embarqués à Ancône et que ses propres opérations vont se combiner avec celles de l'armée d'Italie

Il était bien clair que Bonaparte ne retirerait pas la main conquérante qu'il avait étendue sur le *Levante Veneto*. Le sort de ces îles fut ainsi fixé, le 17 octobre 1797, par l'article 5 du traité de Campo-Formio :

« S. M. l'empereur, roi de Hongrie et de Bohême, consent à ce que la République Française possède en toute souveraineté les îles ci-devant vénitiennes du Levant, savoir : Corfou, Zante, Céphalonie, Sainte-Maure, Cerigo et autres îles en dépendant, ainsi que Butrinto, Arta, Vonitza, et en général tous les établissements ci-devant vénitiens en Albanie, qui sont situés plus bas que le golfe de Drino. »

Un arrêté de Bonaparte, pris le 7 novembre au quartier général de Milan, divisait « les établissements français dans la mer Ionienne », en trois départements: le département de Corcyre, chef-lieu Corfou ; le département d'Ithaque, chef-lieu Argostoli, dans l'île de Céphalonie ; le département de la mer Egée, chef-lieu Zante, qui comprenait en outre dans l'Archipel les deux îles de Cérigo et de Cérigotto.

Un journaliste s'amusa à rappeler les souvenirs de la mythologie et de l'antiquité classique qui se rattachaient à ces territoires. « Nos hellénistes, disait-il, vont se réconcilier avec nos conquêtes et pardonneront sans doute à l'armée d'Italie et Bonaparte d'avoir donné une terre classique à la République Française. » Cérigo, l'ancienne Cythère, est « bien déchue de la célébrité que lui donnèrent, chez les Grecs, le temple et le culte de Vénus. On vous y montre, et vous pourriez, avec une foi bien robuste croire y avoir vu les bains d'Hélène et les restes du palais de Ménélas. Des ruines moins suspectes sont l'état de solitude et d'incultivation où est aujourd'hui réduit le royaume de Vénus. La galanterie française lui rendra-t-elle son ancienne splendeur? Le moment ne semble pas favorable. » Notre journaliste aurait pu rapprocher deux faits à 80 ans de distance : *l'Embarquement pour Cythère* de

Watteau en 1717, et le débarquement à Cythère en 1797 des grenadiers de Bonaparte.

A la fin de septembre, Bonaparte avait envoyé à Corfou son beau-fils Eugène de Beauharnais ; ce commissaire, qui avait à peine seize ans, était chargé d'annoncer aux Corfiotes leur prochaine réunion à la France. Il débarqua à Corfou le jour de la Saint-Spiridion. Les Grecs crurent que leur grand patron avait fait un miracle en leur amenant ce jeune Français, qui était comme le fils du conquérant de l'Italie ; en son honneur, ils célébrèrent une fête patriotique et militaire.

Gentili, âgé et malade, avait été remplacé par le général de division Chabot ; celui-ci était peut-être le plus petit homme de l'armée française, ce qui ne l'empêchait pas d'être un chef énergique ; il arriva à Corfou le 22 décembre. C'est Chabot qui organisa, avec quelques administrateurs civils, la nouvelle conquête de la France. Parmi ses collaborateurs il comptait un capitaine du génie, Pascal-Vallongue. Celui-ci fonda à Corfou, au mois de février 1798, un club constitutionnel, qui trouva beaucoup de sympathie dans la population juive de la ville. Il rédigea à l'usage du club des maximes, comme celles-ci : « Pourquoi l'homme que je vois ne serait-il pas mon frère? Formé comme moi, tous les deux sous la main de Dieu, nous habitons le même séjour, respirons le même air, vivons des mêmes fruits. A l'entrée et à la sortie de la vie nous sommes égaux. C'est bien la peine de disputer pour l'intervalle ! »

Ce sapeur était un sage. Aux femmes de Corfou, qui étaient réduites à l'état le plus misérable, il disait, dans une séance spéciale où il les avait convoquées :

« Exigez que vos amants se distinguent par des talents utiles, par un mâle courage, par un ardent patriotisme mettez à ce prix la récompense de votre main, récompense la plus douce à laquelle l'homme puisse prétendre, et bientôt vous aurez d'illustres et honorables époux. Vous sentirez combien la maternité est douce à celles qui mettent au jour des hommes libres. »

Brueys avait effectué la mission dont Bonaparte l'avait chargé. Le commandant de l'armée d'Italie en informait le Directoire par cette dépêche (Milan, 10 novembre 1797) :

« Le contre-amiral Brueys a mouillé le 8 Brumaire (29 octobre) dans la rade de Raguse. Conformément aux instructions que je lui avais données, il annonça à cette République l'intérêt que le Directoire exécutif prend à son indépendance et le désir qu'il avait de faire tout ce qui serait nécessaire pour la maintenir. Il a été accueilli de la manière la plus amicale par les habitants de Raguse.

« Il est difficile de voir une escadre plus belle que celle du contre-amiral Brueys. J'ai cru devoir donner une marque de satisfaction aux équipages pour leur bonne conduite et la dextérité qu'ils ont mise dans les différentes manœuvres que le contre-amiral Brueys leur a fait exécuter, en leur accordant, en gratification, un habillement neuf. J'ai fait également solder tout ce qui était dû aux équipages.

« Le contre-amiral Brueys est un officier distingué par ses connaissances autant que par la fermeté de son caractère. Un capitaine de son escadre ne se refuserait pas deux fois de suite à l'exécution de ses signaux. Il a l'art et le caractère pour se faire obéir.

« Je lui ai fait présent de la meilleure lunette d'Italie, avec l'inscription suivante : *Donnée par le général Bonaparte au contre-amiral Brueys, de la part du Directoire exécutif.* »

Ainsi naquit la confiance de Bonaparte en Brueys, confiance à laquelle l'amiral répondit par une sorte de superstition à l'égard du général en chef. On sait où cette confiance et cette superstition devaient conduire la fortune maritime de la France. A Aboukir, hélas ! Aboukir dont le nom tragique domine toute cette période de l'histoire napoléonienne.

G. LACOUR-GAYET.

JAMAIS PLUS

PREMIERE PARTIE

I

— Justine, Monsieur est-il rentré?

Celle qui posait cette question était une vieille femme, à la voix cassée, qui parlait dans le noir, au haut de la cage d'escalier. Elle était sortie de sa chambre, au premier étage et, prudemment, à tâtons, longeant le mur, elle était arrivée jusqu'à la rampe où elle se tenait fortement accrochée de toute l'énergie de ses pauvres mains. En bas, on entendait la bonne aller et venir dans la cuisine où grésillaient les casseroles

La voix reprit, persistante et inquiète :

— Justine !

Cette fois, Justine répondit :

— Voilà, Madame !

— Monsieur est-il rentré?

— Pas encore.

— Mais il est très tard ! Huit heures bientôt... Qui peut le retenir, cet enfant?

Mme Rabaud se disait cela toute seule, dans son corridor obscur, tandis que sa bonne recommençait à s'affairer dans son domaine. Très lentement, comme elle était venue, elle regagna sa chambre et avec des précautions minutieuses, elle retrouva son fauteuil au coin de la cheminée. Elle s'y effondra. Et toute seule, dans l'ombre profonde, elle répétait, angoissée :

— Mais enfin, qui peut le retenir ainsi, cet enfant?

Un silence pesant étreignait la petite ville tapie dans la nuit. Huit heures y sonnèrent, comme la seule chose vivante de cette nécropole. D'abord,

www.ingramcontent.com/pod-product-compliance
Ingram Content Group UK Ltd.
Pitfield, Milton Keynes, MK11 3LW, UK
UKHW020233180726
13838UKWH00005B/2365